Серия «Уроки тётушки Совы»

А.Е. Валевский

АЗБУКА

Москва
РОСМЭН
2004

УДК 372.3/.4
ББК 74.102
В 15

Правила игры

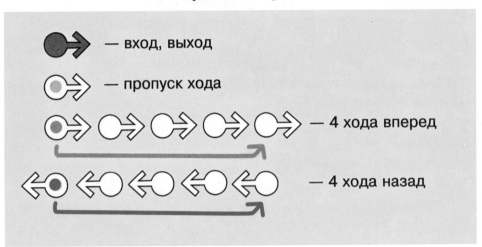

— ВХОД, ВЫХОД

— пропуск хода

— 4 хода вперед

— 4 хода назад

Наш адрес в Интернете: **www.rosman.ru**

Валевский А. Е.

В 15   Азбука. — М.: ООО «Издательство «РОСМЭН-ПРЕСС», 2004. — 68 с. — (Уроки тетушки Совы).

Азбука написана известным детским писателем, поэтом и мастером мультипликации Анатолием Валевским. Материал книги представлен в виде увлекательной игры в буквы и слова и рассчитан на совместную работу малыша и взрослого.

Книга предназначена для работы с детьми дошкольного возраста.

ISBN 5-353-01803-6

Здравствуйте, дорогие ребята!

Меня зовут тётушка Сова, я работаю в лесной научной библиотеке и ещё на телевидении, где веду для малышей передачу «Уроки тётушки Совы».

Наверное, все вы любите весёлые стихи, песенки, сказки и интересные истории? Всё это можно найти в детских книжках! Но, к сожалению, пока ещё не все вы умеете читать. Поэтому сегодня я вас познакомлю с буквами, из которых состоят все слова русского языка. Буквы — это знаки, которые обозначают звуки. Когда мы с вами выучим их, то вы сами сможете читать книжки и узнаете из них множество любопытных, смешных и поучительных историй!

Итак, начнем!

Но скажу честно, что без помощи взрослых с этой задачей справиться будет нелегко. Поэтому мы попросим их почитать вам эту книжку, а вы внимательно слушайте и запоминайте. Для того чтобы вам было легче, я сочинила весёлые стишки, которые нужно выучить, ну а потом, конечно же, рассказать своим родным. И для вас польза, и для родителей радость!

Для начала мы выучим стишок, в котором каждая строка начинается с букв, расположенных в том порядке, в котором они стоят в азбуке. Приготовились? Ну что же, начинаем.

Арбуз на солнышке лежал.
Банан на ветке загорал.
Ворона мылась на заборе.
Гвоздь забивали в коридоре.
Диван пружинами скрипел.
Енот в своей норе пыхтел.
Ёж за грибами собирался.
Жираф над шутками смеялся.
Зайчонок прятался на грядке,
Индюшка с ним играла в прятки.
Йог занимался физкультурой.
Козёл лечил козлят микстурой.
Лягушка квакала в пруду.
Мартышка прыгала в саду.
Налим забрался под корягу.
Осёл упёрся — и ни шагу!
Петух гонялся за котом.

Рыбак беседовал с кротом.
Скворец на крыше распевал.
Телёнок в поле убежал.
Утёнок измерял свой рост.
Фазан расправил пышный хвост.
Хомяк запасы собирал.
Цыплёнок зёрнышки считал.
Чижи клевали виноград.
Шмели гудели невпопад.
Щенок забрался на чердак
И там увидел (**Ъ**) твёрдый знак,
За ним стояла буква **Ы**,
А (**Ь**) мягкий знак латал штаны.
Эскиз сестрёнка рисовала.
Юла крутилась и жужжала.
Я ничего не говорил,
Я только азбуку учил!

Видите, какой простой стишок? Если вы его выучите, то легко запомните все буквы, из которых состоит азбука. Кстати, с некоторыми героями этого стихотворения вы ещё встретитесь на страницах нашей книжки.

Ну а теперь смело переворачивайте страничку. Мы с вами отправляемся путешествовать по замечательной стране, которая называется «АЗБУКА»!

Аа

Самая первая буква в азбуке – это буква «А»! С неё начинается очень много слов. Например: **а**втобус, **а**льпинист, **а**квариум, **а**йсберг, **а**кробат, ученый-**а**строном… И конечно же **а**пельсин!

Апельсин

Висит на ветке апельсин
И весело качается.
А у меня вопрос один:
«Кому же он достанется»?
Оранжевый, как солнышко,
Весёлый карапуз.
Жаль, что такой он маленький.
Эх, был бы, как арбуз!

ПИШЕМ ВМЕСТЕ

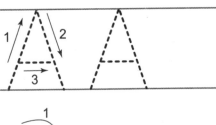

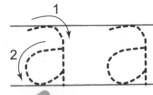

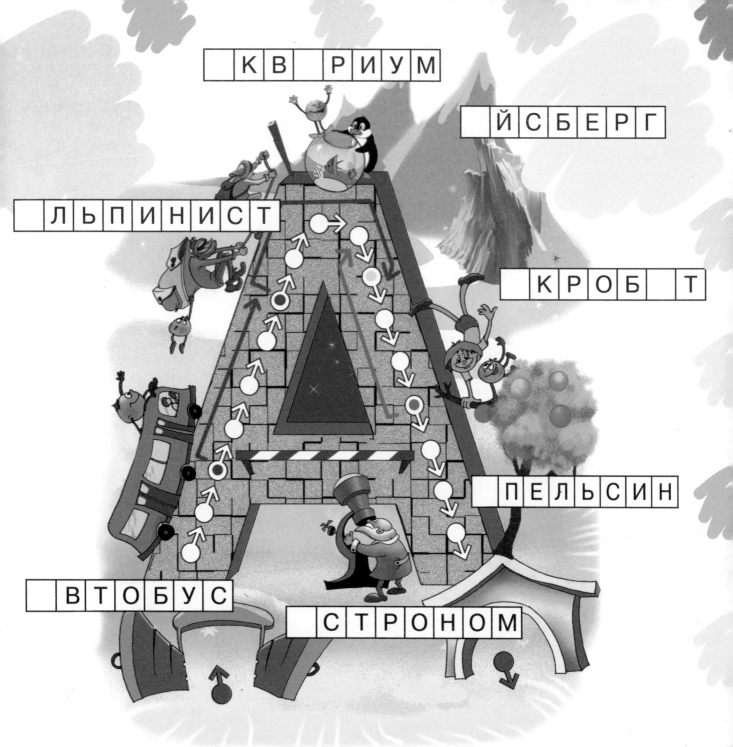

| К | В | | Р | И | У | М |

| | Й | С | Б | Е | Р | Г |

| | Л | Ь | П | И | Н | И | С | Т |

| К | Р | О | Б | | Т |

| | П | Е | Л | Ь | С | И | Н |

| В | Т | О | Б | У | С |

| С | Т | Р | О | Н | О | М |

Для того чтобы попасть на следующую страницу, вам необходимо вписать в пустые клеточки недостающую букву. После этого садитесь на автобус, который довезёт вас до астронома. Астроном отправит вас к альпинисту, вместе с которым вы подыметесь на вершину горы, где найдёте аквариум и заодно полюбуетесь с вышины на айсберг. Затем спуститесь вниз к акробату и отдайте ему аквариум. За это акробат подарит вам апельсин, с которым вы можете смело отправляться на следующую страницу азбуки.

ИГРАЕМ ВМЕСТЕ

А

Бб

После буквы «А» в азбуке стоит буква «Б». С этой буквы в русском языке начинаются такие слова: **б**удильник, **б**егун, **б**алерина, **б**ык, **б**аран, **б**айдарка, **б**ерёза, **б**оксёр.

Баран

Купил баран
Себе барабан,
Всю ночь стучал,
Мышке спать мешал.
Только утром
Уснул баран,
И мышка съела
Его барабан.

ПИШЕМ ВМЕСТЕ

Е	Г	У	Н

А	Л	Е	Р	И	Н	А

О	К	С	Ё	Р

И	Н	О	К	Л	Ь

У		Л	И	К

Б	Ы	К

А	Р	А		А	Н

Б	А	Р	А	Н

Е	Р	Ё	З	А

А	Й	Д	А	Р	К	А

Теперь вы уже знакомы с буквой «Б», и поэтому можете смело двигаться дальше. Звенит будильник, давая старт, и вместе с бегуном вы отправляетесь в путь, пробегая мимо боксёра и весёлой балерины-свинки. Но дальше будьте осторожны, потому что у вас на пути стоит бык-хулиган! Не задерживайтесь возле него, а скорее пробегайте мимо. Если успеете, то можете немножко постучать в барабан, а затем, прихватив с собой в дорогу свежий бублик, отправляйтесь на следующую страницу азбуки.

ИГРАЕМ ВМЕСТЕ

Б

Вв

Ребята! Мы с вами уже выучили две буквы. Но на этом мы, конечно, не будем останавливаться. Следующая в русском алфавите буква «В». Прислушайтесь к словам: **в**ечер, **в**атрушка, **в**етер, **в**ерблюд, **в**едро, **в**орона. Что между ними общего? Правильно! Все эти слова начинаются с буквы «В».

Волк

Прогуляться вышел волк.
Всё затихло. Лес примолк.
Разлетелись даже птички —
Воробьи, чижи, синички.
Разбежались все зверята —
Барсучата и зайчата —
По густым кустам и норкам.
Не хотят играться с волком.

ПИШЕМ ВМЕСТЕ

8

| | И | Ш | Н | Я |

| Е | Р | Т | О | Л | Ё | Т |

| | О | Р | О | Н | А |

| | Е | Д | Р | О |

| | Е | Т | Е | Р |

| | О | Л | К |

Для того чтобы перебраться к следующей букве, вы должны перехитрить волка и, забравшись на дерево, покормить вишней весёлых птенцов. Затем на вертолёте опуститься к вороне и тоже угостить её вишней. За это ворона даст вам ведро, накрывшись которым вы сможете незаметно пройти мимо волка. А попутный ветер поможет вам перелететь на следующую страницу.

ИГРАЕМ ВМЕСТЕ

В

Гг

А сейчас, ребята, вы узнаете новую букву! Следующей после буквы «В» в азбуке стоит буква «Г». Видите, какая она гордая. С этой буквы начинаются такие слова: груши, гвоздь, галстук, глобус, а еще грибы и гнездо с птенчиками! Кстати, у нас в лесу недавно поселился один очень добрый и приветливый гном. Слово «гном» тоже начинается с буквы «Г».

Гном

На краю лесной поляны,
Где всегда цветут тюльпаны,
Под ореховым кустом
Гном себе построил дом.
Распахнул пошире двери —
Приходите в гости, звери!
Будут пляски и веселье —
Гном справляет новоселье!

ПИШЕМ ВМЕСТЕ

[ ]ОЛУБКА

Н[Е]ЗДО

[ ]И[ ]АНТ

[ ]НОМ

[Г]РИБ

Вот наш весёлый трудяга гном! Помогите ему починить гнездо голубки, тогда он вас познакомит с добродушным гигантом, который перенесёт вас на следующую страницу.

Дд

Слышите, детишки, кто-то стучит в лесу? Это птица дятел! Он очень добрый, и его имя начинается как раз с той буквы, которую мы с вами сейчас будем учить. Это буква «Д»! А какие слова начинаются на эту букву, ну-ка, посмотрим: **д**инозавр, **д**ельфин, **д**икобраз с большими и колючими иголками, а еще **д**октор, **д**етишки, **д**упло и мягкий **д**иван!

Дикарь

Живёт на острове дикарь —
Он книжек не читает,
Не чистит зубы по утрам,
Лицо не умывает.
Не хочет он учить букварь
И даже не старается.
Вот потому-то навсегда
Он дикарём останется!

ПИШЕМ ВМЕСТЕ

Д | О | К | Т | О | Р

Д | И | К | О | Б | Р | А | З

Д | Е | Л | Ь | Ф | И | Н

Д | У | П | Л | О

Д | Я | Т | Е | Л

Д | И | В | А | Н

Д | И | Н | О | З | А | В | Р

Чтобы добраться до следующей буквы, необходимо вместе с дельфином посетить остров, на котором живёт колючий дикобраз. Но ни в коем случае нельзя на дикобраза наступать, иначе придётся лечиться у доктора. После этого можно проведать дятла, который живёт в дупле, а затем немножко отдохнуть на диване. Но не стоит залёживаться, потому что вас уже ждёт весёлый динозавр, который отвезёт вас на следующую страницу.

ИГРАЕМ ВМЕСТЕ

Д

Ее

Сейчас нам предстоит познакомиться с буквой «Е»! **Е**ралаш, **е**жевика, **е**да — все эти слова начинаются с буквы «Е». А ещё страна **Е**гипет, хитрющий **е**нот и **е**герь! Егерь — это такой лесник. А какие слова, начинающиеся на букву «Е», знаете вы?

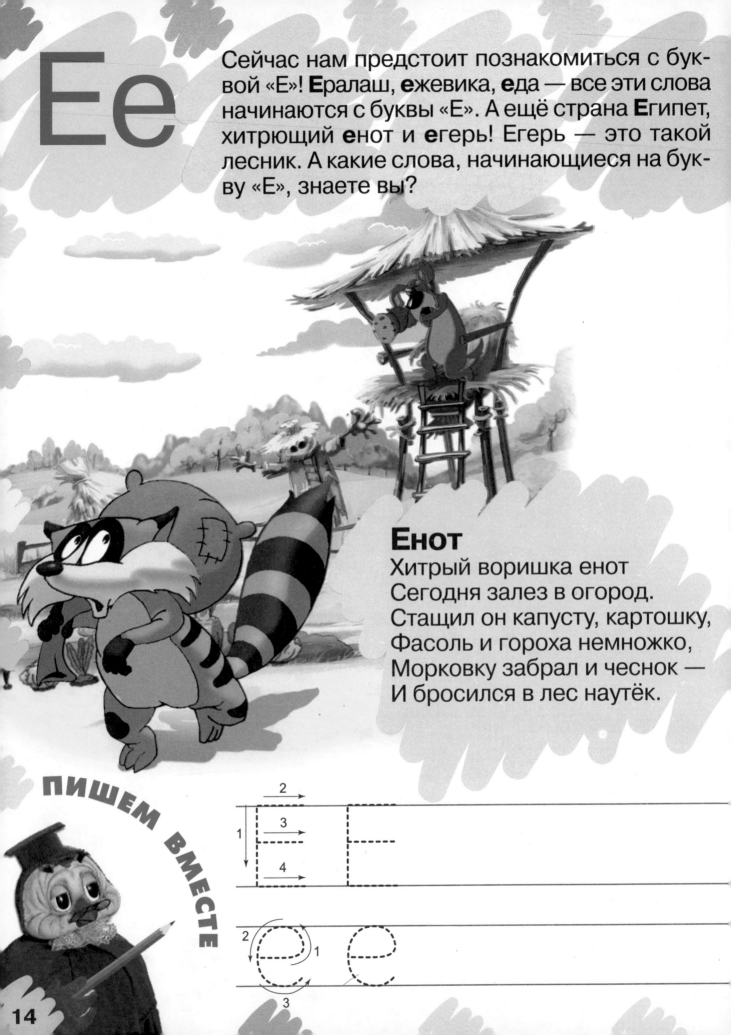

Енот

Хитрый воришка енот
Сегодня залез в огород.
Стащил он капусту, картошку,
Фасоль и гороха немножко,
Морковку забрал и чеснок —
И бросился в лес наутёк.

ПИШЕМ ВМЕСТЕ

14

ГИПЕТ

НОТ

ХИДНА

ДИНОРОГ

Вместе с хитрым енотом вы можете попутешествовать по стране Египет и полюбоваться древними пирамидами. В пути вам наверняка повстречается ехидна, которая любит посплетничать и посудачить. А уж дальше, если повезёт, увидите сказочного единорога, а неподалёку от него и добродушного егеря, который укажет дорогу на следующую страницу.

ИГРАЕМ ВМЕСТЕ

Е

Ёё

Ребята, обратите внимание на эту букву — это родная сестра буквы «Е». Видите, она точно такая же, только сверху у неё есть две точки. Эта буква называется «Ё». С неё начинаются такие слова, как **ё**лка, — вот она какая, зелёная и пушистая! А ещё милый и симпатичный **ё**жик! Он хоть и колючий, но очень добрый и трудолюбивый. И его имя начинается с буквы «Ё».

Ёжик

Кто ночной порой не спит,
Листьями в саду шуршит?
Кто тревожит детский сон?
Может быть, огромный слон
Ходит-бродит без дорожек? —
Нет! Обычный добрый ёжик.

ПИШЕМ ВМЕСТЕ

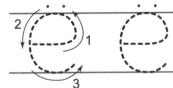

| |Л|К|А|

| |Ж|И|К|

На букву «Ё» не так уж много слов, поэтому путешествие по этой странице будет коротким. Добрый ёжик покажет вам ёлку-красавицу, под которой он любит отдыхать в жаркие летние дни. Затем ёжик обязательно пригласит вас к себе домой, где познакомит со своими потешными детишками-ежатами и хозяйкой-ежихой. Напоив чаем, ёжик и его гостеприимное семейство отправят вас на следующую страницу азбуки.

ИГРАЕМ ВМЕСТЕ

| Ё |

17

Жж

Следующая после буквы «Ё» в азбуке — жужжащая буква «Ж»! Слышите, ж-ж-ж? Жужжит! Давайте посмотрим, какие слова начинаются на жужжащую букву «Ж». **Ж**урнал, **ж**ираф с длинной шеей, **ж**ук, сказочная **ж**ар-птица, **ж**онглёр! Это такой цирковой артист. Все эти слова начинаются с буквы «Ж»!

Жук

Жук на старом пне сидит
И тихонечко жужжит —
Для жучков поёт он песни,
Только им неинтересно.
Хочется жучкам плясать,
Бегать, прыгать и летать.

ПИШЕМ ВМЕСТЕ

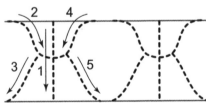

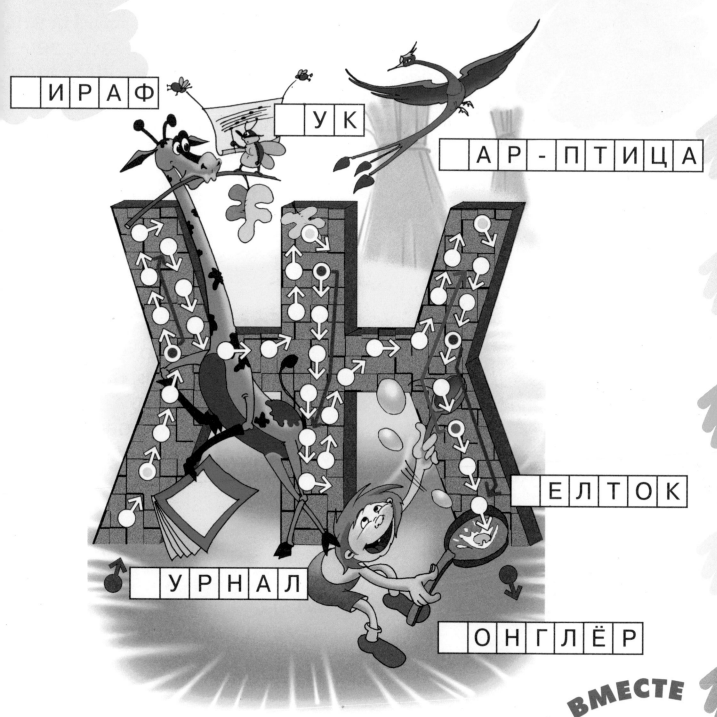

| |И|Р|А|Ф|

| |У|К|

| |А|Р|-|П|Т|И|Ц|А|

| |Е|Л|Т|О|К|

| |У|Р|Н|А|Л|

| |О|Н|Г|Л|Ё|Р|

Жираф очень любит читать. Если вы подарите ему журнал, то он в благодарность познакомит вас с жуком-музыкантом и сказочной жар-птицей, которая отнесёт вас к весёлому жонглёру. Он накормит вас вкусной яичницей с большим желтком и отправит дальше.

ИГРАЕМ ВМЕСТЕ

|Ж|

Зз

Новая буква, которую мы сейчас выучим, очень похожа на два полумесяца, которые поставили друг на друга. Это буква «З». На эту букву начинаются такие слова, как **з**уб, **з**емля, **з**има, а еще **з**ебра — это такая полосатая лошадка. **З**мея, **з**айчик, ну и конечно же красивые и **з**агадочные **з**вёзды, которые мерцают высоко-высоко на небе.

Звёзды

Освещает землю
       звёздный небосвод.
Мотыльки ночные
       водят хоровод.
Лишь один Андрейка
       не ложится спать —
Он на небе звёзды
       хочет сосчитать!
— Десять... Двадцать...
       Тридцать...—
Тут малыш зевнул,
Нежно улыбнулся звёздам —
       и уснул.

ПИШЕМ ВМЕСТЕ

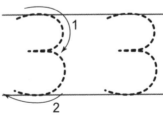

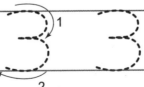

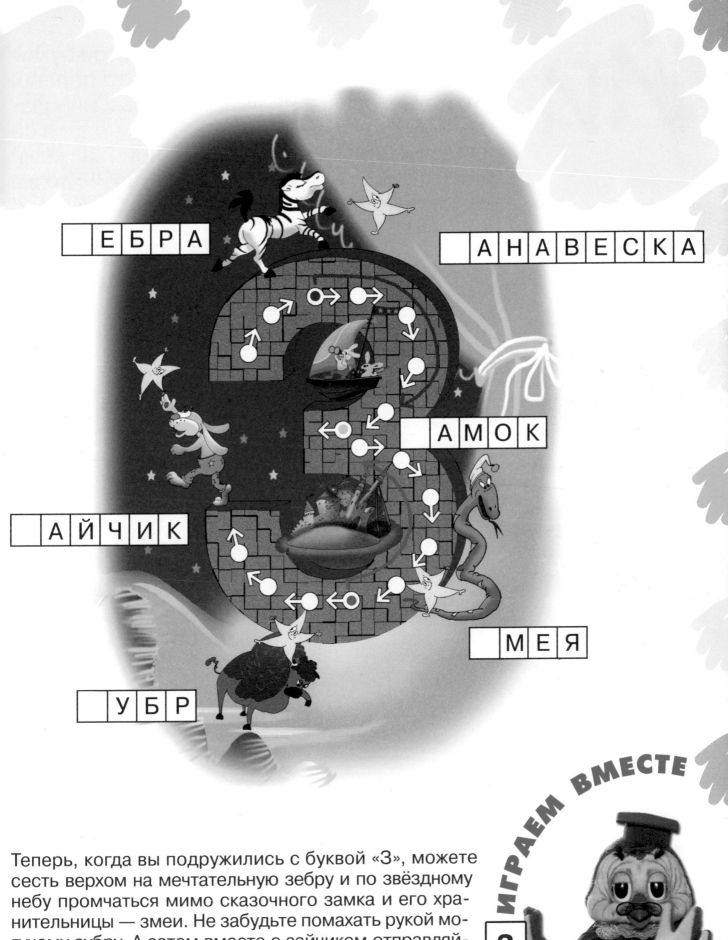

| |Е|Б|Р|А|

| |А|Н|А|В|Е|С|К|А|

| |А|М|О|К|

| |А|Й|Ч|И|К|

| |М|Е|Я|

| |У|Б|Р|

Теперь, когда вы подружились с буквой «З», можете сесть верхом на мечтательную зебру и по звёздному небу промчаться мимо сказочного замка и его хранительницы — змеи. Не забудьте помахать рукой могучему зубру. А затем вместе с зайчиком отправляйтесь на следующую страницу.

ИГРАЕМ ВМЕСТЕ

3

Ии

Следующая в азбуке буква «И». С этой буквы начинаются такие слова: **и**ва — это дерево; птичка-невеличка **и**волга; потешный **и**нопланетянин, который прилетел к нам с другой планеты. А рядом с ним большой и важный **и**ндюк... Ну и наконец-то — **и**грушки! Кто же не знает это слово, начинающееся с буквы «И»?!

Игрушки

На диване за подушкой
Спят любимые игрушки.
Днём они со мной играли,
А теперь чуть-чуть устали.
Пусть увидят сон чудесный —
Ну а завтра будем вместе.
Мы с игрушками друзья,
Где игрушки — там и я!

ПИШЕМ ВМЕСТЕ

22

□ К А Р

Н О П Л А Н Е Т Я Н □ Н

□ В А

В О Л Г А

Н Д Ю К

□ Е Р О Г Л □ Ф

Г Р У Ш К □

В этой игре вы познакомитесь с Икаром, которому отец сделал крылья, и он мог летать, как птица. Затем услышите, как поёт настоящая птица — иволга и поиграете в игрушки. После этого вас ждёт встреча с самым настоящим инопланетянином. Он весьма дружелюбный в отличие от вечно надутого и сердитого индюка. Не стоит на него тратить время, лучше сразу приняться за написание хитроумного иероглифа, потому что он является паролем для перехода на следующую страницу.

ИГРАЕМ ВМЕСТЕ

И

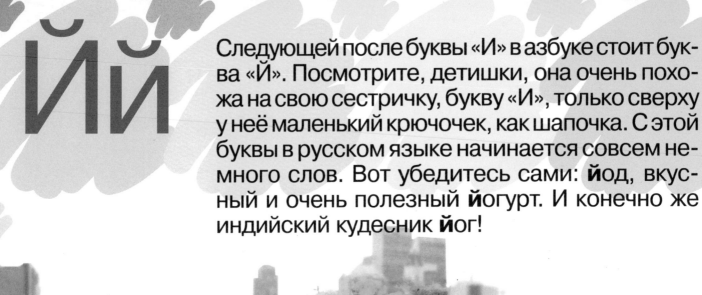

Йй

Следующей после буквы «И» в азбуке стоит буква «Й». Посмотрите, детишки, она очень похожа на свою сестричку, букву «И», только сверху у неё маленький крючочек, как шапочка. С этой буквы в русском языке начинается совсем немного слов. Вот убедитесь сами: **й**од, вкусный и очень полезный **й**огурт. И конечно же индийский кудесник **й**ог!

Йог

Свернув калач из рук и ног,
На иглах и гвоздях
Сидит в задумчивости йог
С улыбкой на губах.
И так сидеть почти весь день
Ему ни капельки не лень.

ПИШЕМ ВМЕСТЕ

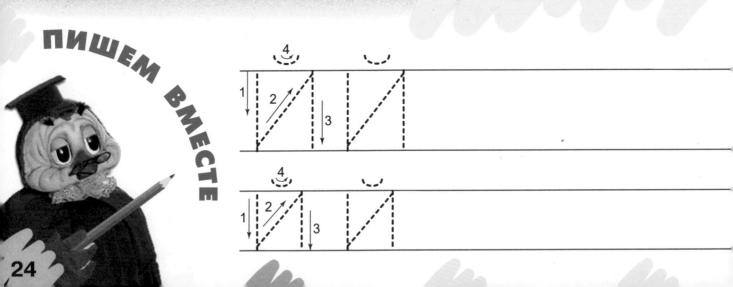

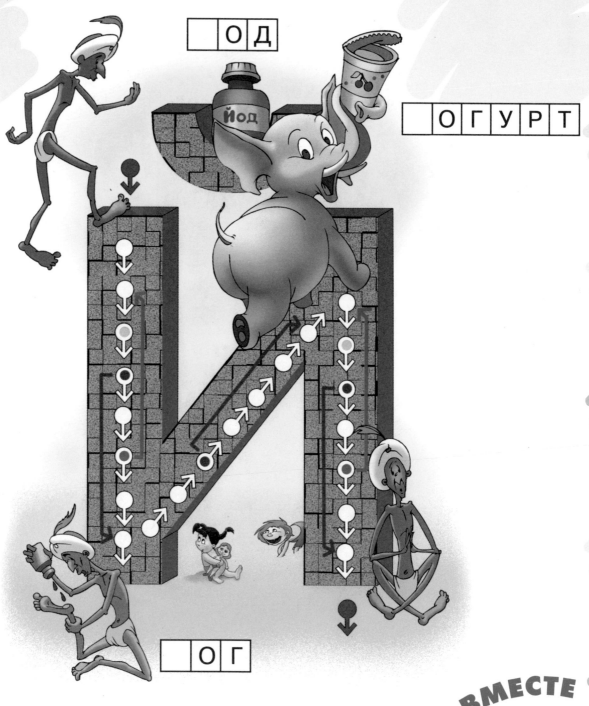

| |О|Д|

|_|О|Г|У|Р|Т|

|_|О|Г|

Проводником к следующей странице у вас будет самый настоящий йог, которому не страшны никакие иглы. Но вы будьте осторожны, чтобы не поранить ногу, иначе придётся прижигать ранку йодом, а это может задержать вас в пути. Дальше вас ожидает весёлый слонёнок, который угостит вас вкусным фруктовым йогуртом и проведёт до следующей страницы.

ИГРАЕМ ВМЕСТЕ

|Й|

25

Кк

А вот это, ребята, буква «К»! **К**урица, **к**онфета, **к**отлета, **к**ино, **к**офе, **к**раски — все эти слова в русском языке начинаются с буквы «К»! А ещё — пушистый **к**овер, **к**от, **к**орзина, **к**рот и **к**онь! В русском языке так много слов, которые начинаются с букву «К», что все и не назовёшь!

Кот

У кроватки кот сидит
И тихонечко урчит.
Он детишек усыпляет,
Сказки-сны оберегает,
Чтоб уснула детвора
Сладко-сладко до утра.

ПИШЕМ ВМЕСТЕ

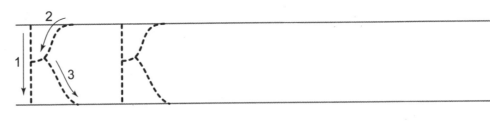

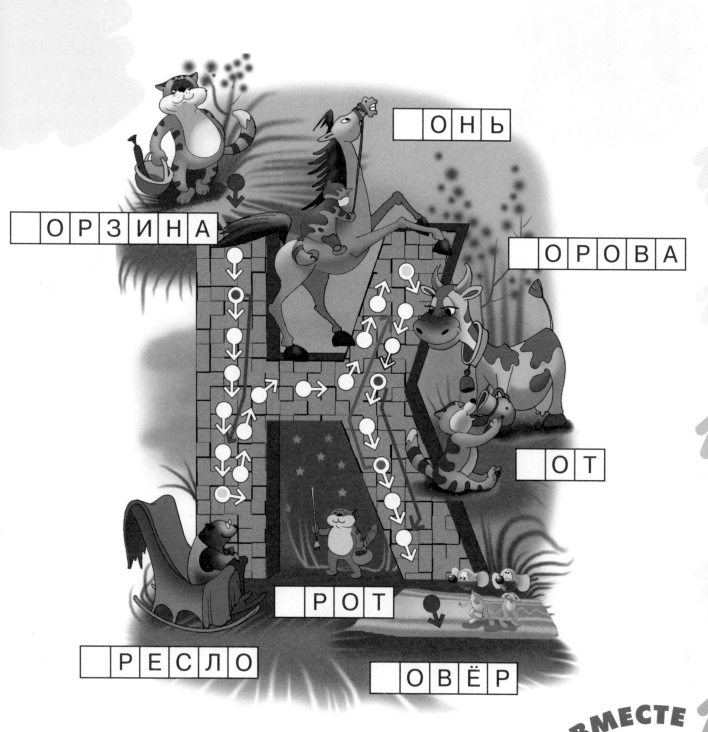

| |О|Н|Ь|

|О|Р|З|И|Н|А|

| |О|Р|О|В|А|

| |О|Т|

| |Р|О|Т|

| |Р|Е|С|Л|О|

| |О|В|Ё|Р|

На этой страничке вы познакомитесь с рыжим котом, который очень любит ходить в гости. Вместе с ним вы проведаете крота и даже покачаетесь на кресле-качалке. А быстроногий конь с ветерком домчит вас к корове по имени Рябушка, где вы вволю напьётесь свежего парного молока. После этого два мышонка доставят вас на следующую страницу на ковре-самолёте.

ИГРАЕМ ВМЕСТЕ

| |К|

Лл

Продолжаем изучать буквы. Следующей у нас на очереди – буква «Л»! **Л**имонад, **л**еденец, **л**акомство… ах, какие вкусные слова начинаются с буквы «Л»! Правда?! Хотя бывает так, что с буквы «Л» начинаются и не очень приятные слова. Например: **л**екарство, **л**ень, **л**ежебока, **л**оботряс, **л**ожь… Хотя слово-то ведь не виновато, оно просто что-то обозначает. Вот, например, слово ложь. Оно обозначает, что кто-то кого-то обманывает. И виновато в этом не слово, а тот, кто обманывает!

Лисица

Хитроглазая лисица
На обманы мастерица,
Магазин в лесу открыла,
Всех соседей пригласила —
Продавала запах мёда,
Первый снег в начале года,
Виноградную кору
И от бублика дыру!

ПИШЕМ ВМЕСТЕ

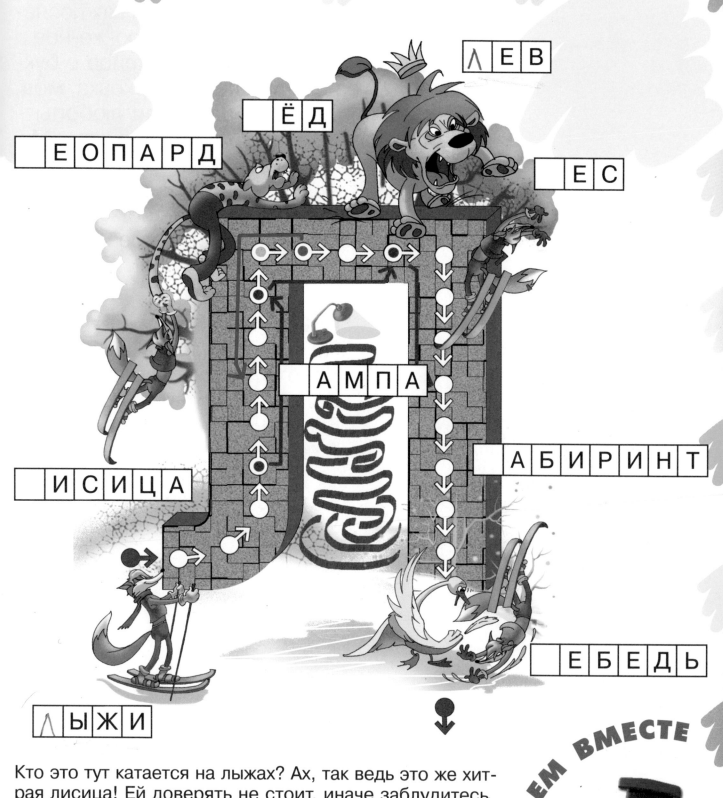

| Л | Е | В |

| Ё | Д |

| Е | О | П | А | Р | Д |

| Е | С |

| А | М | П | А |

| А | Б | И | Р | И | Н | Т |

| И | С | И | Ц | А |

| Е | Б | Е | Д | Ь |

| Л | Ы | Ж | И |

Кто это тут катается на лыжах? Ах, так ведь это же хитрая лисица! Ей доверять не стоит, иначе заблудитесь в лабиринте и даже лампа вам не поможет из него выбраться. Путешествуя через лес, вы обязательно встретите леопарда и льва — с ними долго не беседуйте, а сразу пускайтесь наутёк. Даже если вы свалитесь на лёд со снежной горки – это не беда, потому что добрый лебедь проведёт вас на следующую страницу азбуки.

ИГРАЕМ ВМЕСТЕ

Л

Мм

Следующей буквой, с которой мы познакомимся, будет буква «М»! **М**о-ро-же-ное... да ещё и клубничное! Мороженое с буквы «М»! А ещё — **м**едведь, **м**орковка, **м**ёд, **м**оре, **м**армелад! Маленькая любопытная мышка тоже начинается с буквы «М». А ещё — гриб **м**ухомор, который нашла в лесу **м**артышка. Мухомор красивый гриб, но несъедобный. Ну и конечно же **м**ультфильмы, которые так любят все **м**алыши!

Мартышка

По комнате мартышка скачет,
Колотит громко в барабан,
Шумит, пищит — а это значит:
Ей нужно срочно дать банан.
А если это не поможет,
То угостить конфетой тоже,
Чтоб не мешала та мартышка
Учить уроки ребятишкам.

ПИШЕМ ВМЕСТЕ

| |У|З|Ы|К|А|Н|Т|

| |О|Т|Ы|Л|Ё|К|

| |У|Х|О| | |О|Р|

| |Ы|Ш|Ь|

| |А|Р|К|А|

| |Е|Т|Л|А|

| |А|Л|Ю|Т|К|А|

Познакомившись с буквой «М», пора отправляться дальше. Но сперва нужно помочь мышке упаковать в дорогу чемоданы, наклеить на письмо марку и доставить его мартышке, которая живёт под мухомором. Здесь можно немножко послушать великолепных музыкантов и помечтать, глядя на весёлого мотылька. После этого останется всего лишь немного прибраться при помощи метлы, и морячок-малютка проведёт вас к следующей букве.

ИГРАЕМ ВМЕСТЕ

М

Нн

Ну а теперь, детишки, мы будем учить букву «Н». Вот как она выглядит! С этой буквы начинаются такие слова: **н**очь, **н**ектар, **н**ожницы, **н**ос... А еще — голубое, чистое **н**ебо! Глубоко в земле тёмная нора, в которой живёт маленький зверёк — **н**орка!

Носорог

В далёких и тёплых краях,
В солнечных греясь лучах,
Загадочный зверь гуляет,
Букеты цветов собирает.
Растёт на носу его рог,
А имя ему — носорог.
Он вежливый и добродушный
И, кстати, очень послушный.

ПИШЕМ ВМЕСТЕ

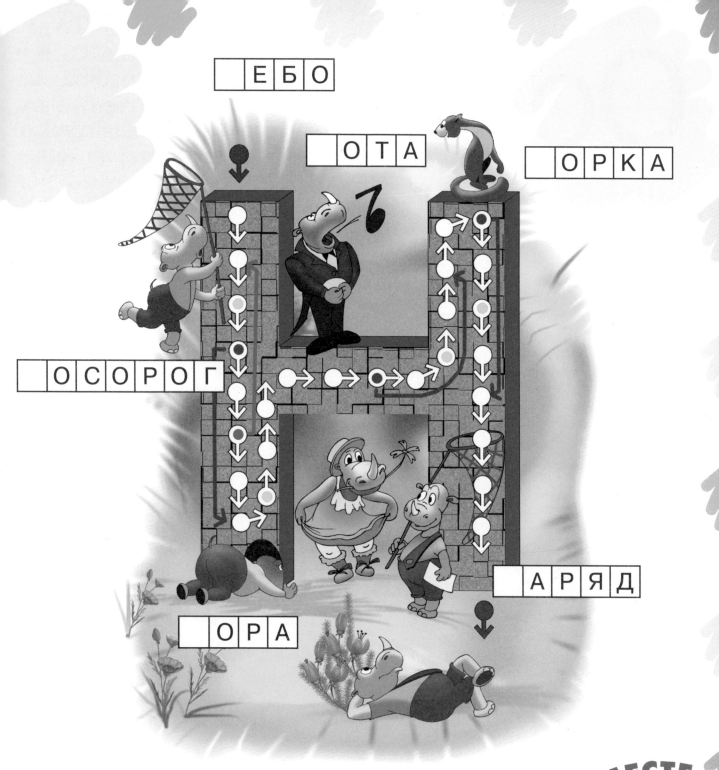

| | Е | Б | О |

| | О | Т | А |

| | О | Р | К | А |

| О | С | О | Р | О | Г |

| | А | Р | Я | Д |

| | О | Р | А |

А на этой странице живёт маленький мечтательный носорог. Он часто глядит в небо, пытаясь обнаружить там волшебных мотыльков, или с любопытством заглядывает в темную нору, чтобы узнать, кто там обитает. Вместе с маленьким носорогом вы можете сходить на концерт его папы-носорога, который умеет петь по нотам, а затем поиграть немного с пушистой норкой и примерить новый наряд. Лишь после этого вы сможете перебраться на следующую страницу.

Н

Оо

После буквы «Н» в азбуке стоит буква «О». Вот она какая кругленькая! Что вам, ребята, напоминает эта буква? Правильно — бублик, только немного сплюснутый, а еще колесо. Это и есть буква «О». Кстати, в слове «колесо» их сразу две. А какие слова начинаются на «О»? Ну-ка, вспомним. **О**сёл, **о**лень, **о**вощи, **о**рёл, **о**кунь — это такая рыба. А ещё — **о**ладьи, **о**рхидея, **о**рехи. Честно говоря, много слов на букву «О»!

Огурец

Вырос в поле удалец,
Бравый парень огурец.
Усики кручёные,
Одёжки зелёные,
По полю гуляет —
Песни распевает.
Развесёлый удалец,
Бравый парень огурец!

ПИШЕМ ВМЕСТЕ

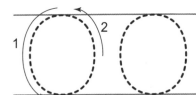

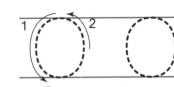

34

⬜ Г У Р Е Ц

⬜ Б Р Ы В

Л Е Н Ь

⬜ Т А Р А

О С Ё Л

В ⬜ Щ И

ИГРАЕМ ВМЕСТЕ

Ой, вы только посмотрите: огурец без оглядки удирает от сердитого осла по кругу! Вы должны помочь ему, отвлекая внимание на себя. Когда осёл погонится за вами, то бегите мимо отары овец и поля, на котором загорают овощи, только не задерживайтесь и не оглядывайтесь. Добежав до обрыва, смело прыгайте на спину оленя, который увезёт вас на встречу со следующей буквой.

О

Пп

Скоро, очень скоро, ребята, вы сможете сами читать книги — из них можно узнать очень-очень много интересного и полезного. Ну а пока продолжим наш урок. Новая буква — «П». На эту букву начинаются такие слова: **п**ингвин, **п**ирожок, **п**ирожное, **п**утешествие, **п**опугай, **п**аучок… Давайте познакомимся поближе с маленьким пингвином. Пингвин — это такая отважная птица, которая живёт в далёкой холодной Антарктиде. Хотя пингвин и не умеет летать, но зато ныряет и плавает так ловко, как никакая другая птица на свете!

Пингвин

Чёрно-белая смелая птица
Воды ледяной не боится,
В прорубь отважно ныряет
И рыбку себе добывает.
Живёт среди снежных льдин
Потешный весёлый пингвин.

ПИШЕМ ВМЕСТЕ

[ ] А Р А Ш Ю Т

[ ] А Р О В О З

[ ] И Н Г В И Н

[ ] Е Л И К А Н

[ ] О Р Т Р Е Т

[ ] Ё С

[ ] Ч Е Л О В О Д

[ ] Е Н Ь

Вы даже и не представляете, как вам повезло — ведь прокатиться на самом настоящем паровозе в наши дни — это почти сказка! Паровоз доставит вас в гости к пингвину и пеликану, которые наденут вам на плечи парашют и посадят на самолёт. Пролетая над поляной, где пчеловод рисует на пне портрет, а верный пёс подносит ему кисточки, вы должны выпрыгнуть из самолета и раскрыть парашют, с помощью которого вы приземлитесь на следующей странице.

ИГРАЕМ ВМЕСТЕ

[П]

Рр

Сейчас, ребята, мы будем учить рычащую букву «Р». Хоть буква «Р» и рычащая, как тигр, но вовсе даже и не грозная. Всё зависит от того, в каком слове эта буква стоит. Вот, например: **р**адуга, **р**исунок, **р**оза, **р**ека, **р**ассвет, **р**адио. Видите, совсем не страшные слова, а очень добрые и полезные. А ещё **р**ояль — музыкальный инструмент — и **р**ыбак.

Рыболов

Сидит у речки рыболов,
Вздыхает, глядя на улов.
— Вот это да! Ну и чудак! —
Над ним смеётся даже рак.
За целый день поймал рыбак
Всего лишь старенький башмак!

ПИШЕМ ВМЕСТЕ

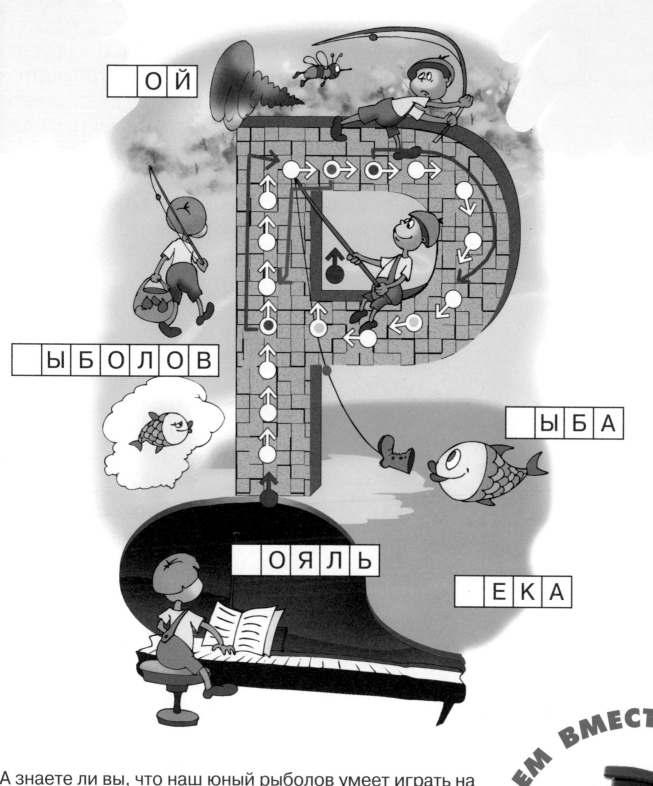

☐ О Й

☐ Ы Б О Л О В

☐ Ы Б А

☐ О Я Л Ь

☐ Е К А

А знаете ли вы, что наш юный рыболов умеет играть на настоящем рояле. Послушайте в его исполнении весёлую песенку, а затем можете отправляться на рыбалку. Но остерегайтесь, чтобы на вас не напал пчелиный рой, иначе придётся улепётывать без оглядки. Когда вы поймаете в реке хоть одну рыбку, перед вами откроется проход на следующую страницу.

ИГРАЕМ ВМЕСТЕ

Р

Сс

Сразу после буквы «Р» в азбуке стоит буква «С». Она немного похожа на бублик, от которого сбоку откусили кусочек. С этой самой буквы «С» начинаются такие слова: **с**амосвал, **с**ветофор, **с**тена, **с**мех… а еще очень любопытная и болтливая птица **с**орока. Кстати, тут неподалёку, под ракитовым кустом, живёт маленький **с**ветлячок-музыкант. По ночам он берёт свою **с**крипочку и для малышей играет колыбельную, чтобы они засыпали с улыбкой. Может быть, когда-нибудь он и к вам прилетит.

Светлячок

Приходит ночью к Аллочке
Украдкой светлячок,
Цепляет над кроваткой
Фонарик на крючок,
На скрипочке играет,
Усевшись на окне,
Подушку поправляет
Он девочке во сне.

ПИШЕМ ВМЕСТЕ

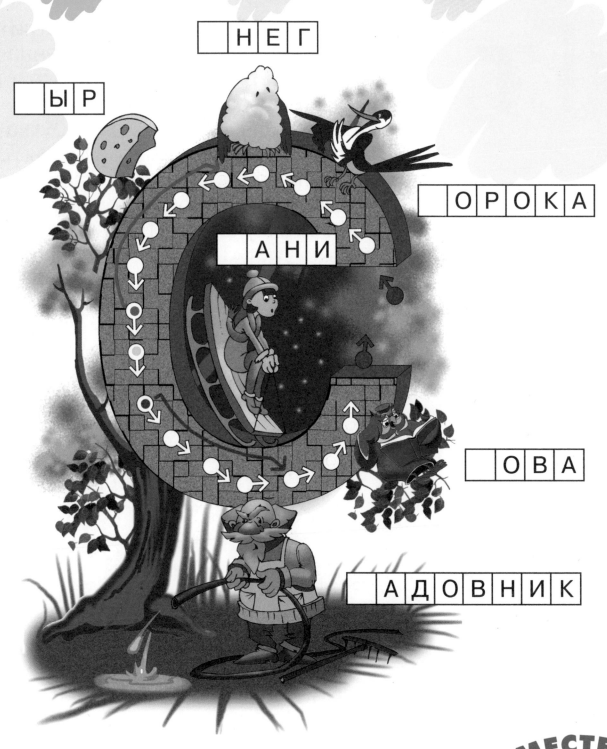

| |Н|Е|Г|

| |Ы|Р|

| |О|Р|О|К|А|

| |А|Н|И|

| |О|В|А|

| |А|Д|О|В|Н|И|К|

После знакомства с буквой «С» самое время переходить к следующей букве. Путь к ней укажет болтливая сорока. Только вы ей особенно не верьте, а то она наврёт с три короба — про летний снег да про сыр, что на деревьях растёт, да про сани-самоходы. Вы лучше сразу бегите дальше. Ну а если уж вам захочется с кем-нибудь поболтать, то пусть это будут старенький садовник и мудрая тётушка-сова. Вот так, постепенно набираясь ума-разума, вы отправляетесь на следующую страницу.

| |С|

Тт

Скажите-ка мне, детишки, замечали ли вы, что у каждого из вас есть своя собственная **т**ень, которая всегда рядом с вами? Но это только тогда, когда есть свет. Кстати, слово «тень» начинается с буквы «Т». Это новая буква, которую мы сейчас выучим. С этой буквы начинаются такие слова: **т**урист, **т**рава, **т**ерпение, **т**руд, **т**орт. А еще — **т**елевизор, который показывает нам любимые мультики! Трубач трубит в трубу! Сколько букв «Т» сразу! Вот какая важная эта буква «Т»!

Тень

Ходит за мною весь день
Моя молчаливая тень.
Но лишь темнота наступает,
Куда-то она исчезает.
Наверное, прячется где-то
Проказница-тень до рассвета.

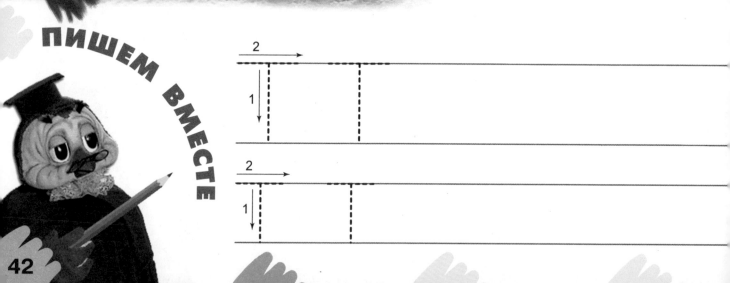

ПИШЕМ ВМЕСТЕ

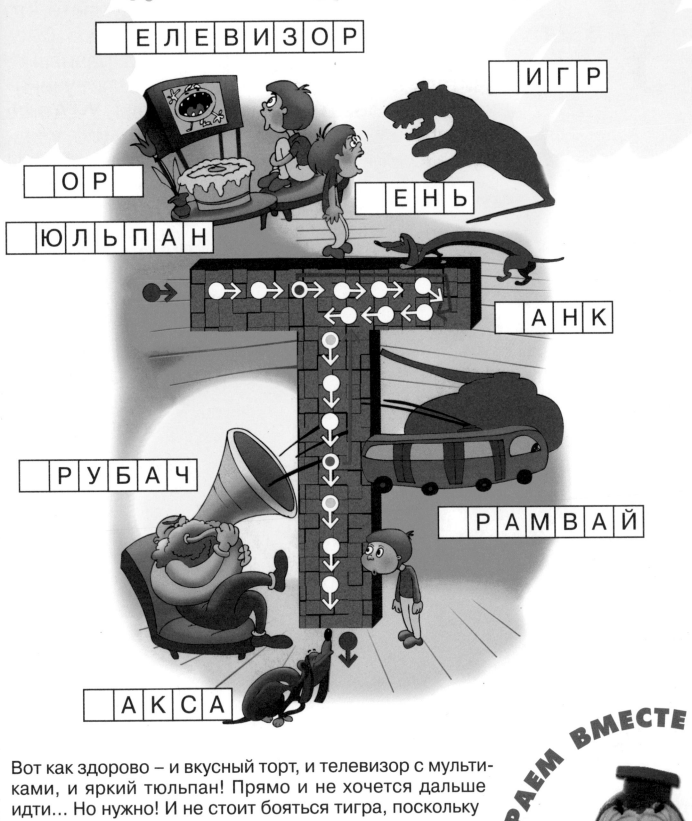

Т Е Л Е В И З О Р

Т И Г Р

Т О Р Т

Т Е Н Ь

Т Ю Л Ь П А Н

Т А Н К

Т Р У Б А Ч

Т Р А М В А Й

Т А К С А

Вот как здорово – и вкусный торт, и телевизор с мультиками, и яркий тюльпан! Прямо и не хочется дальше идти... Но нужно! И не стоит бояться тигра, поскольку это всего лишь причудливая тень, впрочем как и тень от трамвая, которая напоминает танк. Вот этот самый трамвай и доставит вас на конечную остановку, где дудит в трубу бородатый трубач. Но поможет вам попасть на следующую страницу не трубач, а маленькая охотничья такса, которая найдёт дорогу по запаху.

ИГРАЕМ ВМЕСТЕ

Т

Уу

Это, детишки, буква «У»! Вот как вы думаете, что мы сейчас делаем? Правильно, **у**чим азбуку. Если я вас, ребята, **у**чу, то кто я? Правильно, **у**читель, а вы мои **у**ченики. Учитель учит учеников — все слова начинаются с буквы «У»! А ещё есть такие слова: **у**дод, **у**лыбка, **у**ха, **у**хо, **у**дав. Буква «У» такая же важная, как и другие буквы!

Удав

Один удав воображал,
Что лучше всех он рисовал —
Мартышек непослушных,
Медведей добродушных,
Тигрёнка, львёнка, бегемота
И даже хитрого енота.
Известным стать удав хотел,
Но… рисовать он не умел!

ПИШЕМ ВМЕСТЕ

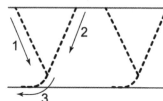

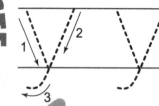

| | Т | Ё | Н | О | К |

| | Д | А | В |

| | Р | О | К |

| | Ч | И | Т | Е | Л | Ь |

| У |

После того как удав нарисует ваш портрет, можете немного поиграть с маленьким утёнком и мартышкой, но не забудьте обязательно посетить урок, который проводит мудрая тётушка сова в лесной школе. На её уроках вы обязательно узнаете много полезного и умного. А уже после этого отправляйтесь дальше.

Фф

Следующая у нас на очереди буква «Ф». **Ф**иалка, **ф**онарик, **ф**лаг, праздничный **ф**ейерверк, ночная птица **ф**илин! Вот сколько слов на букву «Ф»! А еще — **ф**азан. И **ф**люгер на крыше, который указывает, в каком направлении дует ветер. Кроме того, сладкие **ф**иники тоже начинаются на букву «Ф». Много слов с этой буквой. Я надеюсь, что вы, мои маленькие друзья, тоже знаете такие слова!

Фазан

В саду у тихой речки,
Где стелется туман,
Гуляет по дощечке
Чуть-чуть смешной фазан.
Своим хвостом гордится,
Как важный господин.
Фазан, конечно, птица,
Но вовсе не павлин.

ПИШЕМ ВМЕСТЕ

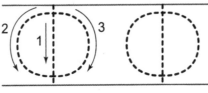

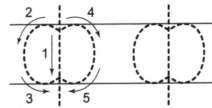

| |Л|Ю|Г|Е|Р|

| |А|З|А|Н|

| |А|К|Е|Л|

| |О|К|У|С|Н|И|К|

|Ф|У|Т|Б|О|Л|

|Ф|Е|Р|М|А|

А сейчас перед вами следующее задание, которое вы должны выполнить. Следуя за фазаном мимо флюгера на крыше здания, вы должны опуститься к фокуснику и затушить его факел, чтобы не случилось пожара на ферме, где живут маленькие весёлые телята. После этого можно немного поиграть со страусятами в футбол и вслед за фазаном отправляться к следующим испытаниям.

ИГРАЕМ ВМЕСТЕ

|Ф|

Хх

А теперь, ребята, мы будем учить букву, которая в азбуке следует сразу за буквой «Ф». Это буква «Х»! Какие слова начинаются на эту букву, ну-ка, давайте вспомним? **Х**леб, **х**обот, **х**олод, **х**алва... ах, какая она вкусная! А ещё **х**озяйственный **х**омяк. И **х**востатый **х**амелеон — видите: оба эти слова начинаются на букву «Х»! Так что и эта буква тоже важна.

Хомяк

Есть у суслика свояк,
А зовут его хомяк.
Всё подряд он собирает
И за щёки набивает,
Тащит быстренько домой —
Чтобы сытым быть зимой.

ПИШЕМ ВМЕСТЕ

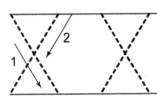

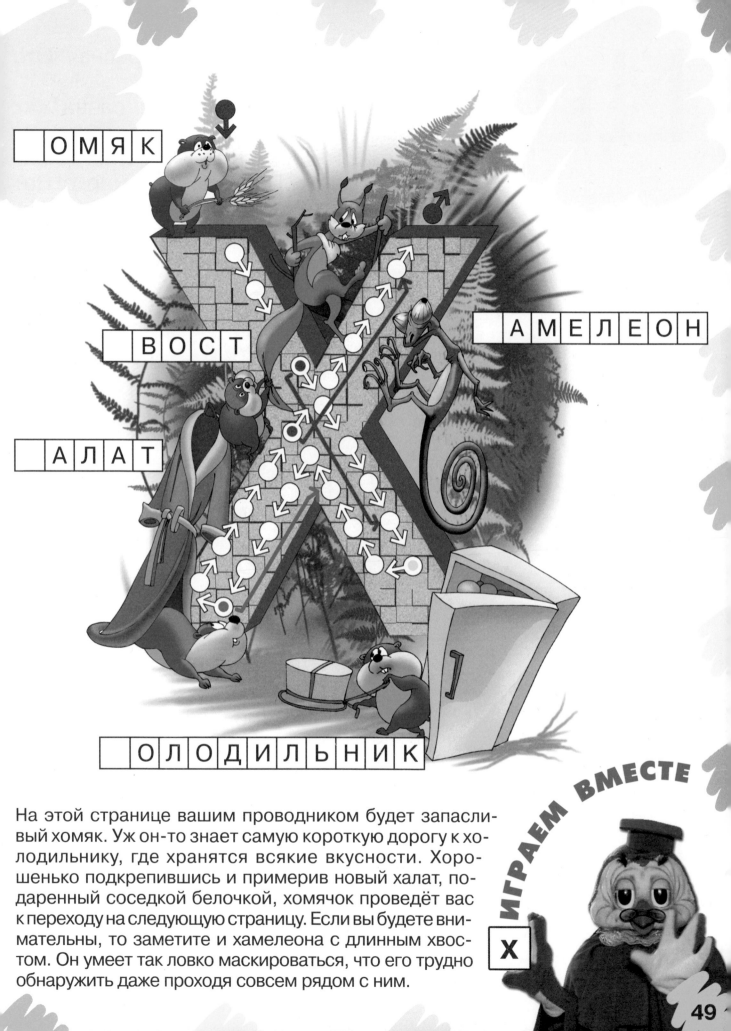

| |О|М|Я|К|

|В|О|С|Т|

| |А|М|Е|Л|Е|О|Н|

| |А|Л|А|Т|

| |О|Л|О|Д|И|Л|Ь|Н|И|К|

На этой странице вашим проводником будет запасливый хомяк. Уж он-то знает самую короткую дорогу к холодильнику, где хранятся всякие вкусности. Хорошенько подкрепившись и примерив новый халат, подаренный соседкой белочкой, хомячок проведёт вас к переходу на следующую страницу. Если вы будете внимательны, то заметите и хамелеона с длинным хвостом. Он умеет так ловко маскироваться, что его трудно обнаружить даже проходя совсем рядом с ним.

ИГРАЕМ ВМЕСТЕ

Х

Цц

А следующая буква очень интересная! Это буква «Ц»!

На эту букву начинаются такие слова, как **ц**ыплёнок, **ц**апля, **ц**иркуль, а ещё — **ц**илиндр, который носит фокусник… Кстати, где работает фокусник? Правильно – в **ц**ирке! Вот и слово «цирк» тоже начинается на букву «Ц».

Цирк

Где увидеть могут дети
Дрессированных слонов,
Мишку на велосипеде
И танцующих котов?
Где весёлый рыжий клоун
Дарит шутки малышам?
Это всё возможно в цирке —
Честно я признаюсь вам!

ПИШЕМ ВМЕСТЕ

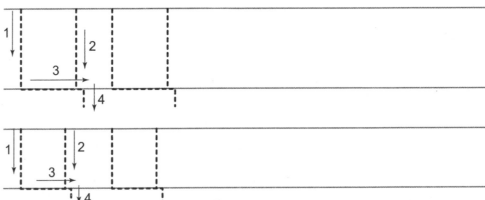

| |И|Р|К|

|А|Р|Е|В|И|Ч|

|И|Р|К|У|Л|Ь|

| |Е|Н|А|

|Ц|И|Л|И|Н|Д|Р|

Вот как шумно! Вот как весело в цирке! Садитесь верхом на одноколёсный велосипед и вместе с жонглёром медведем отправляйтесь по лабиринту. В пути вам попадётся волшебный циркуль и магический цилиндр — обязательно прихватите их с собой, чтобы обменять у царевича на корону. Эта самая корона будет ценой за проход на следующую страницу.

ИГРАЕМ ВМЕСТЕ

|Ц|

Чч

Посмотрите на букву «Ч». Она выглядит, как стульчик, перевёрнутый вверх ногами. Забавно, не правда ли?! С этой буквы начинаются такие слова, как **ч**удо, **ч**ашка, **ч**еснок. Забавная **ч**ерепаха тоже начинается с буквы «Ч». А ещё — **ч**айник, в котором мы завариваем **ч**ай, потом наливаем его… правильно — в **ч**ашку! Слово «чашка» тоже начинается с буквы «Ч».

Черепаха

К чижу на день рождения
Спешила черепаха,
Хотела подарить ему
Штанишки и рубаху.
Ужасно торопилась —
И день и ночь бежала,
Но всё равно бедняжка
На месяц опоздала!

ПИШЕМ ВМЕСТЕ

52

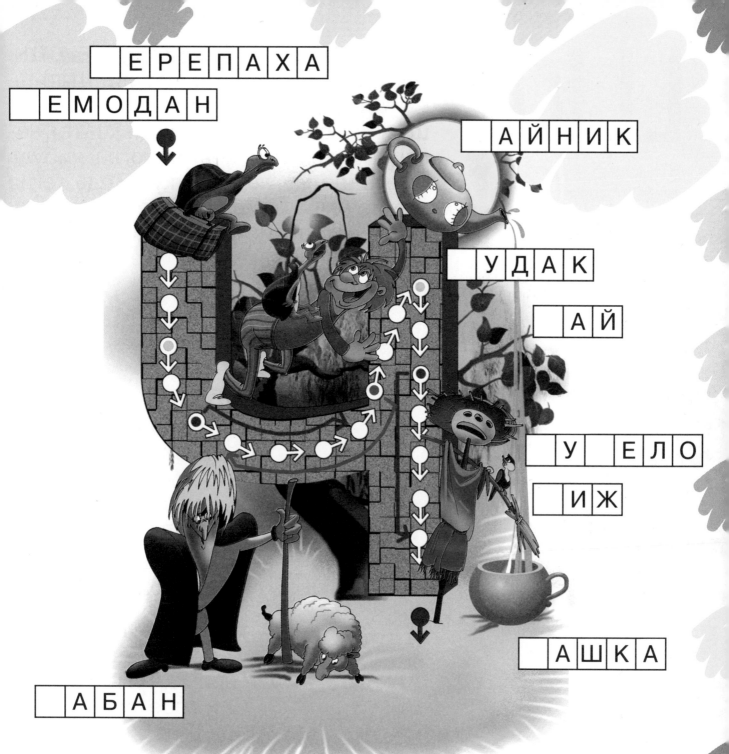

Ч	Е	Р	Е	П	А	Х	А

Ч	Е	М	О	Д	А	Н

Ч	А	Й	Н	И	К

Ч	У	Д	А	К

Ч	А	Й

Ч	У	Е	Л	О

Ч	И	Ж

Ч	А	Ш	К	А

Ч	А	Б	А	Н

Черепаха не самая лучшая попутчица — уж слишком она медлительная. Поэтому не ждите её, а поскорее отправляйтесь вперёд — мимо весёлого чабана к чайнику, который угостит вас горячим чаем. Затем вы послушаете пение чижа и отнесёте чашку чая чучелу, которое пропустит вас на следующую страницу.

Ч

ИГРАЕМ ВМЕСТЕ

Шш

После буквы «Ч» в азбуке стоит буква «Ш». Слышите, какая она шипящая? Ш-ш-ш. С этой буквы начинаются слова: **ш**орох, **ш**ампиньон, **ш**ляпа, **ш**апка... Кстати, наверное, каждый мечтал когда-нибудь иметь **ш**апку-невидимку? Ведь тогда можно было бы **ш**алить безнаказанно! А ещё есть такие слова: **ш**пион, **ш**люпка, **ш**уба. Ну и конечно же проказник **Ш**алтай-Болтай.

Шуба

Шуба-непоседа
    на стене висела,
Как-то прогуляться
    шуба захотела.
Вылезла в окошко —
    прыг через забор,
По тропинке смело
    вышла за бугор.
А за бугорочком
    медведь зимовал —
Он примерил шубу
    и себе забрал!

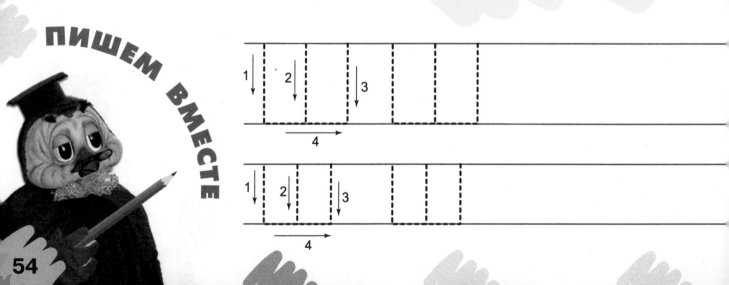

ПИШЕМ ВМЕСТЕ

| |Л|Ю|П|К|А|

| |А|М|А|Н|

| |А|П|К|А|

| |А|Р|Ф|

|Т|А|Н|Г|И|С|Т|

| |А|Й|Б|А|

А на этой странице вашим проводником будет медведь-спортсмен, который любит плавать по снежному морю в надувной шлюпке. Надевайте шапку, шарф и поиграйте немного в хоккей с шайбой. Затем можно посостязаться с медведем в поднятии штанги, а напоследок посетить шамана, который при помощи волшебства отправит вас на следующую страницу.

Е

ИГРАЕМ ВМЕСТЕ

Щ щ

Следующая буква, с которой мы сейчас познакомимся, будет буква «Щ». Смотрите — она точно такая же, как «Ш», только у неё справа внизу малюсенький крючочек. Это родная сестра буквы «Ш», а зовут её — буква «Щ»! Только «Ш» — шипящая буква, а «Щ» — щёлкающая. С буквы «Щ» начинаются, к примеру, слова **щ**елчок и **щ**екотка! А ещё такие слова, как **щ**енок и **щ**ука. Кстати о **щ**уке! Это такая хищная рыба, прямо как волк в лесу. Только щука живёт в реке и охотится на мелких рыбёшек. Просто ужас какой-то!

Щука

Щука под водой скользит,
Карасям бедой грозит,
На вьюнов охотится —
Ей обедать хочется.
Точит зубы на мальков
И на шустрых окуньков.
Вот какая бука
Эта злая щука.

ПИШЕМ ВМЕСТЕ

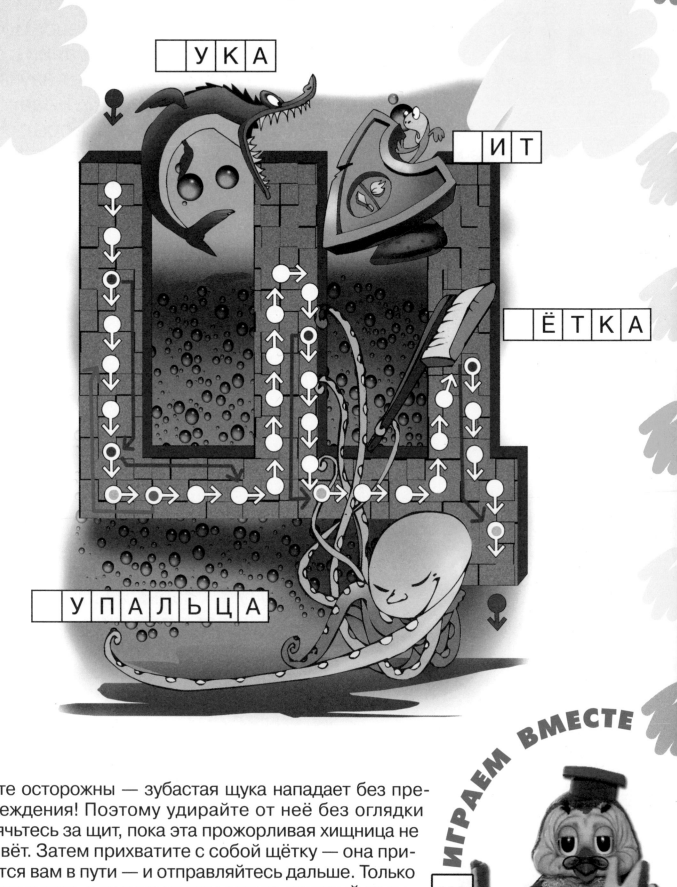

| |У|К|А|

| |И|Т|

| |Ё|Т|К|А|

| |У|П|А|Л|Ь|Ц|А|

Будьте осторожны — зубастая щука нападает без предупреждения! Поэтому удирайте от неё без оглядки и прячьтесь за щит, пока эта прожорливая хищница не уплывёт. Затем прихватите с собой щётку — она пригодится вам в пути — и отправляйтесь дальше. Только не попадитесь в щупальца осьминога, который дремлет возле перехода на следующую страницу азбуки.

|Щ|

ЪЬ

А сейчас, ребята, познакомьтесь с буквой-знаком. Это твёрдый знак — «Ъ». Его невозможно произнести отдельно, но зато в сочетании с другими буквами эта буква-знак делает звучание буквы, после которой он стоит, твёрже: подЪём, подЪезд. Младший брат твёрдого знака — мягкий знак «Ь», наоборот, смягчает предыдущую букву. Например: слово ночЬ или денЬ. Представляете, как звучали бы эти слова, если бы в них не было мягкого знака?! Вот попробуйте произнести слово ночЬ без Ь… Правда смешно?! А ещё с мягким знаком есть такие вкусные слова, как печенЬе, варенЬе и вообще любое сладкое угощенЬе!

Ъ и Ь

Твёрдый знак всегда твердит,
Что он самый твёрдый,
Если сердится — молчит,
Потому что гордый.
Ну, а славный мягкий знак
Не даёт ему никак
Дуться и сердиться —
Он любит веселиться.

ПИШЕМ ВМЕСТЕ

Ы

Следующая буква отличается своей скромностью — она никогда не стоит в начале слова. Это буква «Ы». Все детишки любят игр**Ы**, но иногда, бегая по двору или влезая на дерево, можно зацепиться за ветку или гвоздь и разорвать штанишки или платье. Что тогда получится? Правильно — д**Ы**рка. А ещё с буквой «Ы» есть очень много других слов. Например: с**Ы**р, р**Ы**ба, д**Ы**м, п**Ы**ль, кр**Ы**лья… Ребята, а какие слова с буквой «Ы» знаете вы?

Ы

Никогда в начале слова
Буква «Ы» не ставится,
Хотя своею добротой
Эта буква славится.
Без неё нет слова «мы» —
Вот какая буква «Ы»!

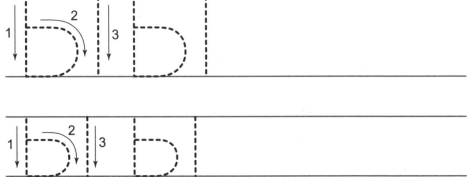

ПИШЕМ ВМЕСТЕ

Ээ

Ну что ж, ребятки, осталось выучить всего три последние буквы. Сейчас мы выучим букву «Э». **Э**таж, **э**скимо, **э**хо, **э**тажерка — все эти слова начинаются с буквы «Э». А ещё такие слова, как **э**кскурсия, **э**кран, **э**кскаватор. Страус эму тоже начинается с буквы «Э». Эму — такая большая птица. Она совсем не умеет летать, зато очень быстро бегает!

Эму

Эму — страус хоть куда!
Не летает никогда!
Но зато по бегу он
Настоящий чемпион!
У него такие ноги,
Что он может без дороги
И без отдыха бежать —
Эму трудно обогнать!

ПИШЕМ ВМЕСТЕ

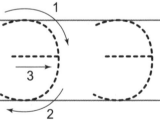

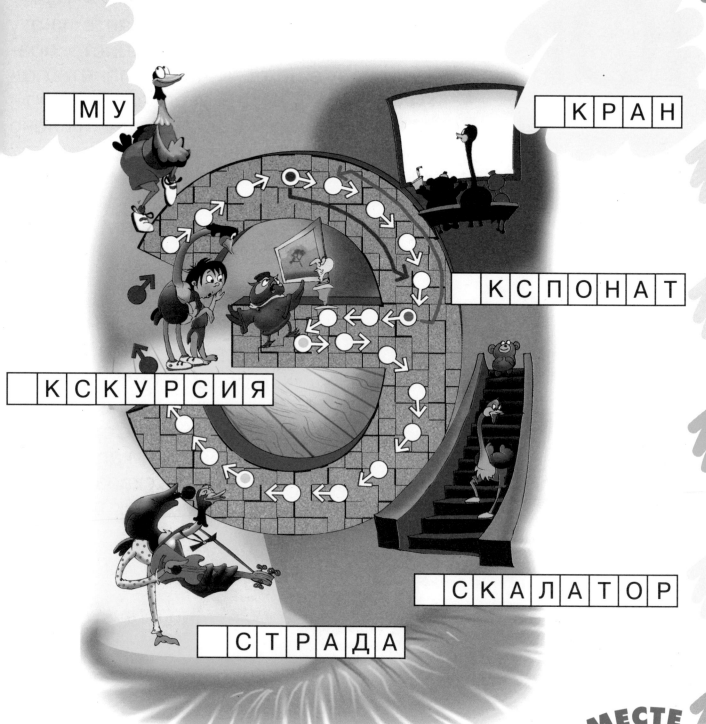

| Э | М | У |

| Э | К | Р | А | Н |

| Э | К | С | П | О | Н | А | Т |

| Э | К | С | К | У | Р | С | И | Я |

| Э | С | К | А | Л | А | Т | О | Р |

| Э | С | Т | Р | А | Д | А |

Отправляйтесь вместе со страусом эму в кинотеатр, где на экране вы увидите весёлые мультфильмы. Затем посетите с экскурсией музей и полюбуйтесь на экспонаты. После экскурсии можно прокатиться на эскалаторе и послушать модного певца, который выступает на эстраде. Ну а теперь, после концерта, можно отправляться к следующей букве.

ИГРАЕМ ВМЕСТЕ

| Э |

Юю

Следующая буква называется «Ю». Ну-ка, детишки, какие слова вы знаете на эту букву? **Ю**ла, **юг**, **ю**бка, **ю**морист... правильно! А еще есть такая планета под названием **Ю**питер. И слово «ювелир», тоже начинается с этой буквы, и слово «юнга». А знаете, ребята, кто такой юнга? Юнгами могут быть только маленькие мальчики, которые с детства закаляются и мечтают стать, когда вырастут, капитанами дальнего плавания!

Юнга

Кто босой и без одёжки
Закаляется под краном?
Это юнга, наш Серёжка,
Стать мечтает капитаном,
Чтобы плыть сквозь ураган
К берегам далёких стран.

ПИШЕМ ВМЕСТЕ

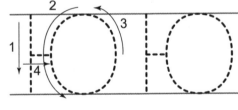

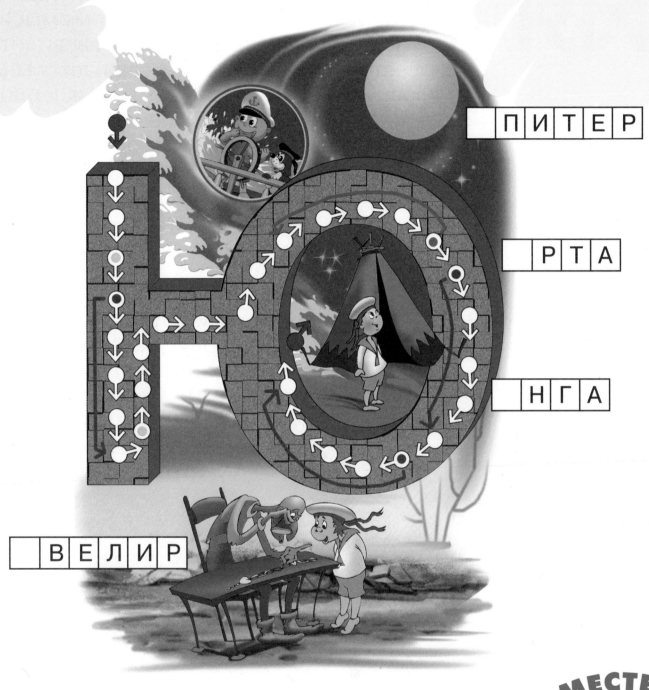

Ю ПИТЕР

РТА

НГА

ВЕЛИР

С весёлым, жизнерадостным юнгой вы можете смело отправляться в плавание к далёкому берегу, на котором стоит тёплая юрта. Здесь вы сможете отдохнуть и отыскать на ночном небе таинственную планету Юпитер. После этого обязательно навестите ювелира и помогите ему починить цепочку. За это ювелир вручит вам пропуск на следующую страницу.

Ю

ЯяЯ

Наконец-то наступил торжественный момент! Сейчас мы выучим последнюю букву алфавита, и эта буква будет «Я». Ой, не в том смысле, что я — буква, а буква, которую вы видите, называется «Я». С этой буквы начинается много слов: **я**года, **я**корь, **я**йцо, **я**зык, **я**щерица, **я**нварь, **я**стреб, **я**рмарка. А ещё с буквы «Я» начинается название далёкой восточной страны — **Я**пония. Вот и всё, ребята, теперь вы знаете все буквы и можете сами читать любые книги. Поздравляю вас!

Ягнёнок

У овечки есть ребёнок,
А зовут его ягнёнок.
Любит прыгать,
            кувыркаться
И с козлятами играться.
Только бегает, хохочет —
А учиться вот не хочет!

ПИШЕМ ВМЕСТЕ

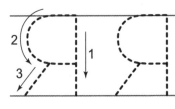

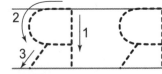

[ ] Х Т А

[ ] Б Л О К О

[ ] К О Р Ь

[ ] Г Н Ё Н О К

[ ] П О Н И Я

Вот и завершилось ваше путешествие по страницам азбуки. Представьте, что вы в далёкой стране Японии. Нужно быстрее возвращаться домой, чтобы на ужин не опоздать. Поэтому отдайте ягнёнку яблоко, за это он возьмёт вас с собой на яхту, чтобы доставить домой. Но не стоит в пути останавливаться и бросать якорь — это может вас задержать. Скорее домой — ведь там вас дожидаются интересные книги, которые вы сможете теперь читать сами!

ИГРАЕМ ВМЕСТЕ

Я

Аа Бб Вв
Ёё Жж Зз
Лл Мм Нн
Сс Тт Уу
Чч Шш Щщ
Ээ Юю

Гг Дд Ее
Ии Йй Кк
Оо Пп Рр
Фф Хх Цц
ь Ыы ъ
Яя

Для дошкольного возраста

Серия «Уроки тетушки Совы»

ВАЛЕВСКИЙ Анатолий Евгеньевич

Азбука

Для чтения взрослыми детям

Оформление серии А. С. ПОБЕЗИНСКИЙ
Ответственный редактор Н. Б. КРУПЕНСКАЯ
Художественный редактор А. А. НИКУЛИНА
Технический редактор Т. В. ИСАЕВА
Корректор Л. А. ЛАЗАРЕВА

Издание подготовлено в компьютерном центре издательства «РОСМЭН».

Лиц. изд. ИД № 04933 от 30.05.01.

Подписано к печати 16.09.04.
Формат 60x90 1/8. Бум. офс. №1. Гарнитура FreeSet. Усл. печ. л. 8,5. Тираж 5000 экз.
Заказ № 6714. С – 1803.

ООО «Издательство «РОСМЭН-ПРЕСС».
Почтовый адрес: 125124, Москва, а/я 62. Тел.: (095) 933-70-70.
Юридический адрес: 129301, Москва, ул. Бориса Галушкина, д. 23, стр.1.

*Наши клиенты и оптовые покупатели могут оформить заказ, получить опережающую информацию
о планах выхода изданий и перспективных проектах в Интернете по адресу:*
www.rosman.ru

ОТДЕЛ ОПТОВЫХ ПРОДАЖ:
все города России, СНГ: (095) 933-70-73;
Москва и Московская область: (095) 933-70-75.

Отпечатано с готовых диапозитивов в ОАО «Иван Федоров»
191119, Санкт-Петербург, ул. Звенигородская, д. 11